LA
COMEDIE DES COMEDIENS

LES
Comediens
du Roy

Michel van Lochom fecit

A. PARIS.
1635.

Photo /R.3573

LA
COMEDIE
DES
COMEDIENS

POEME DE NOVVELLE

INVENTION.

PAR

Monsieur de SCVDERY.

A PARIS,

Chez AVGVSTIN COVRBE' au Palais, dans
la petite Salle, à la Palme.

M. DC. XXXV.

AVEC PRIVILEGE DV ROY.

A MONSIEVR

MONSIEVR

LE MARQVIS DE

COALIN, COLONEL

GENERAL DES SVISSES.

ONSIEVR,

Si ie ne sçauois bien
que parmy les personnes Illustres,
la richesse des dons n'en fait pas la
valeur: ie n'aurois garde de vous
offrir cette Comedie: elle est trop peu
considerable pour vn homme qui
l'est tant: et ie deurois auoir honte

EPISTRE.

de ma hardieſſe. Mais apres les
courtoiſies dont ie vous ſuis deſia
redeuable, i'eſpere que vous ne re-
garderez mon deſſein pluſtoſt que
mon preſent, que vous ouurirez
mon cœur auecques mon liure, &
que vous lirez dans l'vn & dans
l'autre que ie ſuis,

MONSIEVR,

Voſtre tres-humble & tres-
fidelle ſeruiteur,
DE SCVDERY.

AV LECTEVR.

'EST vne maxime re-
ceuë entre les perfon-
nes qui fe connoiffent
aux bonnes chofes, que
l'efprit de celuy qui fait des vers,
& qui les fait bien, doit eftre comme le Prothee des Poëtes, ou cô-
me la matiere premiere , capable
de toutes formes : il faut qu'il fça-
che faire parler des Rois & des
Bergers, & les vns & les autres en
des termes , qui conuiennent à
leurs conditions. Ainfi le Dieu de
la Poëfie Latine, que toute la ter-

re adore encor sous le nom de
Virgile, n'a pas manqué de suiu-
ure vne regle si necessaire aux
bons ouurages. Et qui prendra le
soing de comparer le stile pom-
peux & magnifique de l'Eneide,
auec la douceur naïfue des Buco-
liques, iugera sans doubte que
mon opinion est bien fondée. Ie
ne tasche (Lecteur) de t'amener
dans mon sens, par ce raisonne-
ment, qu'àfin que si la suite des
temps te met en main apres ma
COMEDIE, LIGDAMON,
LE TROMPEVR PVNY,
LE VASSAL GENEREVX,
ORANTE, LE FILS SVPPO
SE', LE PRINCE DESGVISE'
LA MORT DE CÆSAR, o
celle de DIDON que ie traitte

tu n

tu ne t'eſtonnes point d'y voir vne
diuerſité ſi grande, ſoit aux péſees,
ſoit en la façon de les exprimer,
quelques vns de ces Poëmes, m'ont
obligé de toucher en paſſant , la
morale & la politique ; d'autres
m'ont fait parler de l'art militaire
& par terre & par mer; Les voya-
ges de mes Heros m'ont fait mar-
quer la Carte de leur nauigation;
les aduentures des perſonnes illu-
ſtres m'ont donné les grandes &
les fortes páſſions, que demande
vne douleur eloquente; & de cette
ſorte, i'ay taſché de n'eſtre point
ignorant, dans les ſciences, & dans
les Arts, qui ſe ſont trouuez comme enchainez auec les ſubiects que
i'ay voulu prendre, que ſi tu ne ré-
contre pas vn de ces ornemens en

é

cette Piece, tu te fouuiendras s'il te
plaift, qu'aux autres, ce font des
Princes & des Roys qui parlent, &
qu'en celle-cy, ce font des Comediens & des Bergers, mais Comediens & Bergers, qui ne font pas
pourtant du commun, & qui t'en-
tretiendront affez agreablement,
des chofes qui regardent leur profeffion & leurs amours. En vn mot
i'ofe croire que cette Peinture a fes
graces, auffi bien que la plus ache-
uee des miennes, l'inuention en eft
nouuelle, & fi ie ne me trompe di-
uertiffante, elle tiét quelque chofe
de ce genre de Poëme, que les Ita-
liens appellent *capricçiofo* fi l'impreffion la fait auffi bien reuffir que
le Theatre, ie ne plaindray pas
quinze iours, que m'a coufté fa

production. C'eſt ce que ie doibs
aprédre de la voix publique, dont
la tienne fait vne partie: mais de
grace ſois iuſte & clement pour cet
Ouurage; c'eſt à dire, eſtime ce
qu'il a de bon, & pardonne moy
des fautes que tu ne verras, que
parce que ie ne les ay point veuës.

Extrait du Priuilege du Roy.

PAr grace & Priuilege du Roy, donné à
Paris, en datte du 20. Auril 1635. Il eſt
permis à Auguſtin Courbé Marchant Librai-
re à Paris, d'imprimer vendre & diſtribuer
*La Comedie des Comediens poëme de nouuelle
inuention*, par Mr. Deſcudery, & deffences
ſont faites à tous autres Imprimeurs & autres
perſones de quelque qualité & condition qu'il
ſoient, d'imprimer vendre ny diſtribuer dudit
Liure d'autre Impreſſion que celle qu'il aura
fait ou fait faire ledit Courbé ou autre ayant
droit de luy, & ce pendant le téps de ſept ans
à peine aux contreuenans de mille liures da-
mande & de confiſcation de tous les exem-
plaire imprimez, ainſi qu'il eſt porté plus am-
plement par leſdites Lettres de Priuilege
Par le Roy & ſon Conſeil.

Signé CONRART.

PROLOGVE.

NON, ie n'é feray rien; tenez, reprenez vos habits : ie ne veux point eſtre fol par compagnie : & ne ſçaurois me reſoudre à tromper tant d'honne-ſtes gens, comme ie voy qu'il y en a icy. Ie ne ſçay (Meſſieurs) quelle extraua-gance eſt auiourd'huy celle de mes Compagnons, mais elle eſt bien ſi gran-de, que ie ſuis forcé de croire, que quel-que charme leur dérobe la raiſon, & le pire que i'y voy, c'eſt, qu'ils taſchent de me la faire perdre, & à vous autres auſſi. Ils veulent me perſuader que ie ne ſuis point ſur vn Theatre; ils diſent que c'eſt icy la ville de Lion, que voila vne

A

Hoſtellerie; & que voicy vn jeu de paume, où des Comediés qui ne ſont point
nous, & leſquels nous ſommes pourtát,
repreſentent vne Paſtoralle, ces inſenſez
ont tous pris des noms de guerre, & pé-
ſent vous eſtre inconnus, en s'appel-
lant, Belle Ombre, Beau Soleil, Beau
Seiour, & d'autres encor tous ſembla-
bles: ils veulent que vous croyez eſtre
au bord du Rhoſne, & non pas à celuy
de la Seine; & ſans partir de Paris, ils
pretendent vous faire paſſer pour des
habitans de Lion: à moy meſme ces
Meſſieurs des petites Maiſons, me veu-
lét perſuader que la Metempſychoſe eſt
vraye, & que par conſequent Pithagore
eſtoit vn Euangeliſte. car ils diſent que
ie ſuis vn certain monſieur de Blandimare, bien que ie m'apelle veritable-
ment Mondory, & voyez s'ils ont le
ſens bien eſgaré, ils doiuent faire paſſer
i'cy vn Tambour & vn Harlequin,
comme le pratiquent les petites Trou-

pes dedans les petites villes; n'eft-ce
pas fe faire tort, & vous offençer auffi?
mais ce n'eft point encore tout, leur folie va bien plus auant; car la piece qu'ils
reprefentent, ne fçauroit durer qu'vne
heure & demie, mais ces infenfez affeu-
rent, qu'elle en dure vingt & quatre: &
ces efprits dereglez, appellent cela
fuiure les regles, mais s'ils eftoient ve-
ritables, vous deuriez enuoyer querir à
difner, à fouper, & des licts; iugez fi
vous ne feriez pas couchez bien chau-
dement, de dormir dans vn ieu de Paume: en fin leur manie m'oblige à faire
vn voyage à Saint Mathurin pour eux,
où ie m'en vay: & cepédant (Meffieurs)
ne les croyez pas, quoy qu'ils puiffent
dire; car ie meure s'il y aura rien de veritable: mais il eft bien tard pour partir;
& le Soleil s'abaiffe fort, de forte que
puis que ie fuis contraint de remettre
mon voyage à demain, il faut neceffai-
rement que ie m'accommode pour au-

iourd'huy, à l'humeur de ces Paſſerellis:
car elle ſe peut vaincre par la douceur,
& s'irrite par la reſiſtance: & de peur de
les mettre en mauuaiſe, ne dites mot ie
vous ſuplie: parce qu'eſtans melancho-
liques, ils ſont amateurs du ſilence.

ACTE PREMIER.

Belle ombre, Harleqvin, le Tambovr, Belle-flevr, Belle espine, sa Femme, Beavseiovr, Beav soleil, sa Femme, M^r. de Blandimare, son Hoste.

SCENE PREMIERE.

BELLE OMBRE.

Emeure, s'il n'eſt vray que tout ce qui reluit n'eſt pas or: & que les belles aparences ſont le plus ſouuent trompeuſes. auant qu'auoir gouſté la forme de vie que ie meine, ie me l'imaginois la plus agreable de toutes: &

A iij

croyois indubitablement la Comedie
aussi plaisante à faire, qu'à voir : mais
l'experience m'a contraint de changer
d'opinion: & certes il faudroit que i'eus-
se le goust bien malade, pour ne sçauoir pas faire la difference de ces deux
choses, puis que l'vne commence, continuë, & finit auec plaisir, & que l'autre
au contraire, est suiuie de mille incom-
moditez: Ce n'est pas que la qualité que
nous auons de Bourgeois de l'vni-
vers, ou de Citoyens du Monde, ne soit
capable de contenter l'esprit d'vn ieune
homme, par les diuersitez qu'elle pre-
sente à la curiosité, comme à sa veuë,
mais ce peu de douceur est meslé de
tant d'amertume, & ces roses accompa-
gnees de tant d'espines, qu'il est impossible de prendre l'vne sans desgoust, ny
de toucher aux autres sans picqueure.
quoy que le personnage que ie iouë à
cette porte, ne soit pas le plus hono-
rable, il est pourtant le plus vtile, &

comme il fais la part à mes Compagnons, ie n'ay pas la memoire si mauuaise, que i'oublie à faire la mienne bóne; mais le malheur est, que mon indu-
strie ne trouue point où agir pleinemét,
à cause de l'humeur de ces habitans, plus
froide que la saison où nous sómes, de
sorte que si ce desordre continuë, B E L-
L E O M B R E, ie pense que le meilleur
sera de nous y tenir, c'est à dire, d'aller
reuoir les clochers de nostre ville, &
demeurer à la maison clos & couuert de
peur du hasle. Mais voicy nostre Tambour & nostre Harlequïn reuenus &
ie pense puis que ie ne voy venir personne, que lé bruit qu'ils ont faict par les
ruës, n'aura pas esté plus persuasif, que
les menteries de l'affiche.

SCENE SECONDE.

Harleqvin, le Tambovr,

Harleqvin.

NOvs pouuons bien bander
noſtre quaiſſe, & noſtre Tambour desbander la ſienne: car deſormais
ie ne voy point d'apparence que nous
faſſions rien icy, il n'eſt grande ny petite ruë, que nous n'ayons viſitee quatre
fois, auec plus de ſoin, que ſi nous euſ-
ſions eu ordre du Magiſtrat de faire la
patroüille: mais le tout inutilement, &
puiſſay-ie ne ſouper d'auiourd'huy, à
voir le peu d'eſmotion que ma preſen-
ce leur apporte, ſi l'on ne diroit que ie
ſuis Bourgeois comme eux, ou qu'ils
ſont tous Harlequins comme moy. il
n'eſt pas iuſqu'aux petits enfans, qui ne
ſoient fols à force d'eſtre ſages, & ie puis
dire

dire fans vanité, que iamais homme de
ma condition ne fe vid fi mal accom-
pagné, i'ay mefme plus fait que ne porte ma commiffion, car ce que les affiches
leur monftrent par les yeux, i'ay tafché
de le leur aprendre par les oreilles, &
cette ville n'a point de carrefour, où ie
n'aye faict le crieur public; mais ie penfe
qu'ils ont tous voyagé en Egypte, & que
le bruict des Cataractes du Nil, leur a
deftrobé l'ouye.

SCENE TROISIESME.

TOVS LES COMEDIENS.

BELLE FLEVR.

HA ha, te voila fur l'hiftoire, à
ce que i'entends.

HARLEQVIN.

Ouy ; & plus veritable à mon
grand regret, que celle de Pline,

B

qui raporte ce que ie viens de dire: car
il est indubitable, que nous ne gagne-
rons rien icy.

BELLE-ESPINE.

Voila les plus mauuaises nouuelles, que
tu nous pouuois aprendre: il est vray
qu'elles ne me surprennent point, car ie
les auois bien preueuës.

BEAV-SEIOVR.

Voicy vn de ces Prophetes, qui predi-
sent les choses arriuees: & Tiercelet de
Nostradamus, si vous preuoyez le malheur de la Troupe que ne l'en aduertis-
siez vous?

BELLE-ESPINE.

Ce qui m'en empescha, fut que ie con-
noissois que i'ay parmy vous autres le
malheur de Cassandre, qui bien que
tousiours veritable, ne fut pourtant
iamais cruë: mais vous pourriez bien
auoir la punition des Troyens, il est
vray que i'y auray ma part comme
elle.

BEAV-SOLEIL.

Voila à mon aduis, le plus grand nombre de tes humanitez, & de tes fleurs de Rethorique estalé, & pour peu qu'on te pressast encore, tu serois contraint de recourir, à l'eloquence de ton pays, c'est à dire aux phrases Perigourdines.

LA BELLE ESPINE.

Monsieur de Beau-Soleil, si mon Mary n'a pas la lague si bien péduë que vous, il a d'autres parties en luy, qui le rendent recommandable.

LA BEAV SOLEIL.

Nous le debuons croire puis que vous le dites, Mademoiselle de Belle Espine, car il n'en a point de si cachees, dont vous ne puissiez parler comme sçauante.

BELLE-OMBRE.

La repartie n'est pas mauuaise, mais elle mesemble vn peu bien libre pour vne femme.

LA BEAV-SOLEIL.

Les eaux dormantes ne sont pas les plus saines, & la vertu se trouue pour le moins aussi souuent dans vn esprit libre, que parmy ces ames retenuës, qu'on a droict de soupçóner d'hypocrisie, mais c'est vne erreur où tombe presque tout le monde, pour ce qui regarde les femmes de nostre profession, car ils pensent que la farce est l'image de nostre vie, & que nous ne faisons que representer ce que nous pratiquons en effect, ils croiét que la femme d'vn de vous autres, l'est indubitablement de toute la Troupe; & s'imaginant que nous sommes vn bien commun, comme le Soleil ou les Elemens, il ne s'en treuue pas vn, qui ne croye auoir droict de nous faire souffrir l'importunité de ses demandes, & certes c'est bien de là que procede la plus facheuse chose, qui s'esprouue à nostre condition: car comme nos chambres tiennét des Temples, en ce qu'elles sont

ouuertes à chacun, pour vn honneste
homme qui nous y visite, il nous faut
endurer les impertinences, de mille qui
ne le sont pas, l'vn viendra branfler les
iambes toute vne apres-dinee fur vn
coffre fans dire mot, feulement pour
nous monftrer qu'il a des mouftaches,
& qu'il les fçait releuer, l'autre vn peu
moins réueur que celuy-cy, mais non
pas plus habile homme, fera toute fa
conuerfation de bagatelles , auffi peu
confiderables que fon efprit: & tran-
chant de l'officieux, il voudra placer
vne mouche fur la gorge, mais c'eft à
deffein d'y toucher: il voudra tenir le
miroir, attacher vn nœud, mettre de la
poudre aux cheueux, & prenant fuiet
de parler de toutes ces chofes, il le faict
auec des pointes auffi nouuelles, & auffi peu communes que la Guimbarde, ou
Lanturlu. Le troifiefme prenant vn ton
plus haut, & trop fort pour fon haleine,
s'engage inconfiderément, à la cenfure

des Poëmes, que nous aurons represen-
tez: l'vn fera trop ennuyeux pour fa ló-
gueur, l'autre manque de iugement en
fa conduitte, cettuy-cy eſt plat & trop
fterile en penſees, cetuy-là au contraire
à force d'en auoir s'embaraſſe, & parle
Galimatias; vn eſt deffectueux en ce
qu'il ne s'attache pas aux regles des an-
ciens, ce qui teſmoigne fon ignorance;
l'autre pour les auoir trop religieuſe-
ment obſeruees, eſt froid, & preſque
du tout fans action; celuy-cy ne lie pas
fon difcours, & fait des fautes au langage, cetuy-là n'a pas la politeſſe de la
Cour; l'vn manque des ornemens de
la poëſie; l'autre eſt trop abondant en
fables; ce qui fent plus le Pedant que
l'honneſte homme, & plus l'huile que
l'Ambre gris; en fin, il n'en eſchape pas
vn à la langue de ce Critique, qui faifant ainfi le proces à tãt de bons efprits,
fans les oüir en leurs deffenfes, monſtre
qu'il eſt auffi mauuais iuge en matiere

de vers, que le font en la connoiſſance
de l'honneſteté des femmes, ceux qui
nous ſoupçonnent d'en manquer.

BELLE-FLEVR.

Ie meure ſi elle n'habille ſes raiſons
de bonne grace; & bien que cinq heures ayent ſonné, depuis qu'elle parle,
ie m'eſtois reſolu de ne l'interrompre
point; mais puis qu'vne femme a peu
s'impoſer ſilence elle meſme, faiſons en
autant, & rentrons; & bien que nous
ayós accouſtumé ailleurs d'auoir acheué
à cette heure, ne laiſſe pas Belle Ombre,
de te tenir encore quelque temps à la
porte; car peut eſtre, ce que nous iugeós
ſtupidité, ne ſe trouuera que pareſſe: &
le bien ne vient iamais tard, quand il
arriue.

BELLE-OMBRE.

Si nous repaiſſons de cette eſperance
ſeule, nous auons la mine de ne ſouper
que de vent.

SCENE QVATRIESME.

Mᵗ. DE BLANDIMARE, L'HOSTE,

Mᵗ. DE BLANDIMARE.

IL faut aduouër, que la ieuneſſe & la prudence, ne ſe trouuent que bien rarement enſemble, comme en cet age bouïllant, le corps eſt remply de force, l'eſprit l'eſt d'inconſideration. On n'a pour but que les delices, ſans ſonger à l'vtile ny à l'honneſte: & flattant la folie de ſes penſees, on croit que tout ce qui plaiſt eſt permis. I'ay tiré la preuue de ce que ie dis, dans noſtre famille meſme, car feu mon frere d'Ollinuille que vous connoiſſiez, mon Hoſte, n'a laiſſé qu'vn fils à ſa mort, heritier de tous ſes biens, & des miens encore, puis que ie ne marieray iamais

qui

qui fuiuant les caprices qui l'empor-
tent loing de la raifon, a defia faict mille faillies. les Lettres ou nous le defti-
noins, luy ont femblé vne occupation
trop baffe, & trop endormie, pour fa
viuacité, il a voulu porter les armes, &
le faifant, a couru toute l'Europe : &
certes comme ce meftier n'eftoit pas in-
digne de fa naiffance, nous fuportions
fon erreur, mais lors que nous penfions
qu'il deuft faire fa retraicte, il eft reparti
de nouueau, fans que nous ayons peu
defcouurir fa route, & mon frere m'ayāt
fuplié en mourant, d'auoir foin d'en
faire la recherche, il n'eft forme de vie
où la desbauche puiffe reduire vn ieune
homme, dans laquelle ie n'aye tafché de
le rencontrer : mais tout inutilement, de
forte, qu'ennuyé d'vn fi long voyage,
en fin me voicy dans Lyon, mais fi las,
qu'il ne m'eft pas poffible d'en partir de
deux ou trois iours, pour reuoir apres
noftre ville, la plus belle du móde, Paris.

C

L'HOSTE.

Monſieur, ie ſuis marry que vos
peines n'ont eſté plus fruƈtueuſes; mais
il faut s'armer de patience, & vous diuer-
tir. les affiches que vous voyez à ce coin,
vous monſtrent qu'il y a des Comediés
en cette ville, & le ieu de Paume où ils
repreſentent, n'eſt qu'à trois pas d'icy,
vous ferez bien d'y aller prendre voſtre
part du paſſe temps.

Mᵣ. DE BLANDIMARE.

Quoy que ie n'aye pas grande enuie
de rire, ie ſuiuray pourtant voſtre conſeil, & ie m'y en vay.

L'HOSTE

Et moy vous faire à ſouper pour le
retour.

SCENE CINQVISEME.

BELLE OMBRE,
Mr. DE BLANDIMARE,

BELLE OMBRE.

IE croy que toute la ville eſt en deuo-
tió auiourd'huy, & qu'ó leur a ordó-
né pour ſe mortifier, de ne venir point
à la Comedie: en fin le patience m'eſchape; mais ſilence, voicy vn Oiſeau
qui a la mine de ſe venir ietter dans nos
filets; peut eſtre comme les Canards, les
autres feront le meſme à ſon exemple.

Mr. DE BLANDIMARE.

LES COMEDIENS DV ROY. *Il lit l'affich*
ho cela s'entend ſans le dire; cette qualité, & celle de Gentilhomme ordinaire
de la Chambre ; ſont à bon marché
maintenant; mais auſſi les gages n'en
ſont pas grands; que prend on ?

C ij

BELLE OMBRE.

Huict sols:

Mʳ. DE BLANDIMARE.

Commencera-t'on bien tost?

BELLE OMBRE.

Ouy Monsieur, on s'y en va; toute la
Compagnie est dans vn ieu de Paume
voisin, & comme elle viendra tout à
coup entrez, & retenez place de bonne heure.

Mʳ. DE BLANDIMARE.

O Dieu, qu'est-ce que ie voy? suis-ie
endormy, ou si c'est vne illusion? es tu
mon Neueu, ou quelque Demon sous
sa forme?

BELLE OMBRE.

Mon Oncle ie vous demande pardon, encore que i'aye peine à croire,
que ce que ie fais soit vne faute.

Mʳ. DE BLANDIMARE.

Et c'est là ce que ie voy de pire; d'autant que tu tombes en sens reprouué:
tu ne crois point auoir failli, en te fai-

fant portier de Comedie, ha certes voila vne belle metamorphofe, bien qu'elle ne foit pas dans Ouide, qui d'vn
Gentilhomme de bóne Maifon, a faict
en toy vn voleur.

BELLE OMBRE.

Ha mon Oncle, Dieu me damne fi
ie le fuis.

Mᵣ. DE BLANDIMARE.

O mon Amy ne iure point vne chofe
qu'on ne peut croire; les portiers ne sót
pas receus à fe purger par ferment fur
ce fubject l'occafion eft trop belle, la
tentation de l'argent trop puiffante, &
le larcin de cette nature, trop difficileà
prouuer, en vn mot, le titre de voleur
eft vne qualité annexee à celle de Portier de Comedie: & vn homme fidelle
de cette profeffion, eft comme la pierre
Philofophale, le mouuemét perpetuel,
ou la quadrature du Cercle; c'eft a
dire, vne chofe poffible & non trou-
uee.

BELLE OMBRE.

Mais mon Oncle, eſt on blamable pour eſtre Comedien?

Mʳ. DE BLANDIMARE.

La queſtion que tu me fais, n'eſt pas ſi aiſee à reſoudre, qu'on le puiſſe faire dans la ruë, il y a beaucoup de raiſons, pour & contre, & de plus, tel ſe nomme Comedien, qui n'eſt rien moins que cela, & ie voy bien meſme, que ie n'aprendray d'auiourd'huy ſur voſtre Theatre ſi tes Compagnons ont droit à cette qualité, ou s'ils l'vſurpent: car ie n'aperçoy venir perſonne, & i'ay bien remarqué, que le ieu de paume voiſin, eſtoit vn tour de ton meſtier. mais ce que ie veux que tu faſſes, eſt, que tu te ſouuiennes, que ie loge à la Pomme de pin, & qu'à ce ſoir tu m'y conduiſe toute la Troupe, pour venir ſouper auecques moy: peut eſtre ma conuerſation ne leur ſera pas inutile: A dieu.

Belle Ombre.

Treshumble feruiteur mon Oncle,
iamais ie ne me trouuay fi empefché de
ma contenance ; mais puis que ie ne
fais plus rien icy, allons reioindre nos
Meflieurs , & leur rendre compte de
mon auanture.

ACTE SECOND.

SCENE PREMIERE.

Mr. DE BLANDIMARE.
TOVS LES COMEDIENS.

Mr. DE BLANDIMARE.

QV'ON aporte à lauer, nous ne faisons plus rien à table: ça, donnez moy la main, Mademoiselle de Beau......

Mle. DE BEAV SOLEIL.
De Beau soleil, à vostre seruice Monsieur. Monf.

Mr. DE BLANDIMARE.

La faute de ma memoire eſt fort ex-
cuſable, car toutes les Terres des Comediens, ont tant de raport aux noms,
qu'il eſt bien difficile qu'on ne les prenne l'vn pour l'autre. Mr. de Bellerose,
de Belleuille, Beauchateau, Belleroche,
Beaulieu, Beaupré, Bellefleur, Belle Eſ-
pine, Beau ſeiour, Beau Soleil, Belle
Ombre, en fin, eux ſeuls poſſedent,
toutes les beautez de la Nature.

BEAV SOLEIL.

Pour nous punir en quelque façon,
de la faute que nous auons commiſe,
en receuant Monſieur voſtre Neueu,
voſtre bel eſprit a ſemblé auoir pris a
taſche, pendant tout le ſouper, le meſpris de la Comedie: mais nous nous en
conſolons, par la cognoiſſance que
nous auons de la bonté de voſtre iugement, qui ſans doute, vous faict auoir
dans l'ame, des ſentimens de noſtre
Proffeſſion, tous contraires, à ce que la

D

raillerie, vous met à la bouche fur ce
fubiect.

Mr. DE BLANDIMARE.

Tant s'en faut que ie la mefprife, que
ie tiens qu'à moins que d'auoir renoncé
au fens commun, il n'eft pas poffible
qu'on ne l'eftime quand elle eft bien
faite. mais ie vous diray librement, que
i'ay le mefme gouft peur les Comedies,
que pour les Vers, pour les Melons, &
pour les Amis; c'eft à dire, que s'ils ne
font excellents, ils ne valent rien du
tout. il y a des chofes d'vne nature fi
releuee, que la mediocrité les deftruit:
& à n'en point mentir, il faut tant de
qualitez à vn Comedien, pour meriter
celle de bon, qu'on ne les rencontre,
que fort rarement enfemble. il faut
premierement, que la nature y contri-
buë, en luy donnant la bonne mine; car
c'eft ce qui fait la premiere impreffion
dans l'ame des fpectateurs: qu'il ait le
port du corps auantageux, l'action libre,

& fans côtrainte; la voix claire, nette, &
forte; que fon langage foit exempt des
mauuaifes prononciations, & des accés
corrompus, qu'on aquiert dans les Pro-
uinces, & qu'il fe conferue toufiours
la pureté du François. qu'il ait l'efprit
& le iugement bon, pour l'intelligence
des vers, & la force de la memoire, pour
les apprendre prôptement, & les rete-
nir apres toufiours. qu'il ne foit ignorât
ny de l'Hiftoire, ny de la fable, car autre-
ment, il fera du Galimatias malgré qu'il
en aye: & recitera des chofes bien fou-
uent à contre fens: & auffi hors de ton,
qu'vn Muficien qui n'a point d'oreille:
fes actions mefmes feront comme les
pas d'vn mauuais Balladin, qui faute vne
heure apres la cadence: & de là vient tât
de poftures extrauagantes, & tant de le-
uer de chappeau hors de faifon, comme
on en voit fur les Theatres. enfin, il faut
que toutes ces parties foient encor ac-
compagnees d'vne hardieffe modefte

qui ne tenant rien de l'effronté, ny du timide, se maintienne dans vn iuste tem-
perament. & pour conclusion, il faut,
que les pleurs, le rire, l'amour, la hayne,
l'indifference, le mespris , la ialousie, la
colere, l'ambition, & bref que toutes
les passions soient peintes sur son visage,
chaque fois qu'il le voudra. Or iugez
maintenant, si vn homme de cette sorte, est beaucoup moins rare que le Phœ-
nix?

BEAV-SEIOVR.

Ce que vous nous venez de dire, est
l'Idee de la perfection, qui ne se trouue
point aux hommes: mais i'ose bien assu-
rer que nostre trouppe n'en est pas tant
esloignee; & comme vous sçauez parfai-
ctement faire le discernement des bonnes & des mauuaises choses, si vous nous
auiez veu representer, peut-estre seriez-
vous de mon aduis.

Mᵣ. DE BLANDIMARE.

A dire vray l'on connoist le Lion par

l'ongle:mais les nuicts font longues &
ennuyeufes,quand vous m'aurez fait la
faueur d'en employer vne demie heure
à reciter des vers deuant moy,il nous en
reftera encore affez pour dormir.

BELLE-ESPINE.

Vous pouuez tout fur noftre obeyf-
fance.

Mʀ. DE BLANDIMARE,
Quelles pieces auez vous?

BELLE-FLEVR,
Toutes celles de feu Hardy:

Mʳ. DE BLANDIMARE.

Il faut donner cet adueu à la memoire de cet Autheur,qu'il auoit vn puiffant
genie, & vne veine prodigieufement
abondante(comme huict cents Poëmes
de fa façon en font foy) & certes à luy
feul appartient la gloire,d'auoir le premier releué le Theatre Françoïs,tombé
depuis tant d'annees. il eftoit plein de
facilité, & de doctrine, & quoy qu'en
vueillent dire fes enuieux , il eft certain

D iij

que c'estoit vn grand homme. & s'il eust
aussi bié trauaillépar diuertissemét, que
par necessité,ses ouurages auroient sans
doute esté inimitables:mais il auoit trop
de part à la pauureté de ceux de sa profession, & c'est ce que produit l'ignorá-
ce de nostre siecle,& le mépris de la vertu.

Beav-Soleil.

Nous auons encor tout ce ieu imprimé,
la Pirame de Theophile, Poëme,qui n'est
mauuais qu'en ce qu'il a esté trop bõ: car
excepté ceux qui n'õt point de memoire,
il ne se trouue personne qui ne le sçache
par cœur, de sorte que ses raretez,empes-
chent qu'il ne soit rare.Nous auons aussi la Siluie,la Chriseide, & la Syluanire,
les follies de Cardenio, l'infidelle Con-
fidente,& la Philis de Scire , les Berge-
ries de Monsieur de Racan,le Ligdamõ,
le Trompeur Puny, Melite, Clitandre,
la Vesue,la Bague de l'oubly,& tout ce
qu'ont mis en lumiere les plus beaux es-

prits du temps, mais pour maintenant, il
suffira que nous vous fassions oüyr vne
Eglogue Pastoral de l'Autheur du Trō-
peur Puny, nous l'auons aprise par ce
qu'elle est bonne, & sans dessein de nous
en seruir au Theatre, pour lequel elle n'a
pas esté compofee: Prenez la peine de
l'entendre.

M^r. DE BLANDIMARE.

Vous n'auez pas mal choisi, pour rencontrer mon approbation: car ce Gentil
homme dont vous parlez, est à mon gré
vn de ceux qui portent vne espee, qui
s'aide le mieux d'vne plume: mais com-
mencez quand il vous plaira.

EGLOGVE.

TANCREDE, IRIS,

ALCIDON, CLORICE,

TANCREDE,

Qve faictes vous Iris dans cette forest
    sombre,
Ou nul Soleil que vous n'a iamais pene-
tré?

IRIS,

I'y cherchois ce qui fuit, c'est à dire de
l'ombre,
Et fuyois seulement ce que i'ay rencontré.

CLORICE,

Plus parfaict que Paris, cher miracle des hommes,
Pourquoy haissez-vous mon visage & mon
nom?

TANCREDE

TANCREDE.

Si i'eſtois ce Troyen, & que i'euſſe cent
pommes,
Vous en auriez autant, que Pallas, que Iunon.

ALCIDON.

Reyne de mes deſirs, tu te vois reffuſée,
Et moy qui te cheris, ie me voy meſpriſer?

CLORICE.

Si guarir d'vn reffus, eſt choſe tant aiſée,
Que ne te guaris tu, te voyant reffuſer?

IRIS.

Quitte cher Alcidon, quitte cette farouche,
Qui ne merite pas de captiuer ta foy:

ALCIDON.

Veux-tu que la raiſon, ſe trouue dãs ta bouche,
Ne me parle point d'Elle, & dis cela de toy.

TANCRDE.

Ha Glaçõ animé, tu veux meurtrir Tãcrede,
Ton abord meſpriſant, en porte la façon.

IRIS.

Berger, ne te plains pas de me rencontrer frede
Il faut que ie le ſois, ſi ie ſuis vn Glaçon.

E

CLORICE.

Las, refpõds à ma voix, alors qu'elle t'aproche
Vn Rocher endurcy, ne doit pas craindre l'aer.

TANCREDE.

Difcours dõques fort peu. car eſtãt vne Roche,
Apres deux ou trois mots, ie ne puis plus parler.

ALCIDON.

Puis que tous mes fouhaits, ont la raiſon pour
regle,
Permets moy de te voir, bel Aſtre fans pareil:

CLORICE.

Ferme pluſtoſt les yeux, car n'eſtant point vne
Aigle,
Ie pourrois t'aueugler, ſi ie ſuis vn Soleil.

IRIS.

Ingrat, ſi tu me fuis, le torrent de mes larmes,
Te fuiura pas à pas, afin de t'abiſmer:

ALCIDON.

Cherche ailleurs que dans l'eau, du fecours
& des armes,
Car le feu que ie fens pourroit tarir la Mer.

TANCREDE.

Enfin ie ne puis plus souffrir ton arrogance,
Adieu meschante Iris, qui ma raison surprist:

IRIS.

Va, ne me blasme point de cette repugnance,
Qui vient de mon merite, & de tõ peu d'esprit.

CLORICE.

Enflamé d'vn despit, que tu portes dãs l'ame,
Souffre moy de te suiure, & de te consoler:

TANCREDE. (me,

On ne m'aproche point, puis que ie suis de fla-
Ou bien ne te plains plus, si tu te sens brusler.

ALCIDON.

Elle court en pleurant, apres vn insensible,
Arreste ce ruisseau, qui te fera mourir:

CLORICE.

Tu demandes Berger, vne chose impossible,
Où vois-tu qu'vn Ruisseau, puisse estre sans
*   courir?*

IRIS.

Ha cruel Alcidon, tu vas fuyant infame,
Mais en vain, ie t'auray d'vn cours precipité

E ij

ALCIDON.

Facneuse tu dis vray, car eſtant vne femme,
Rien ne peut s'eſgaller, à ta legereté.

Mr. DE BLANDIMARE.

Ha certes il faut aduoüer, que voila reciter de bonne grace: & qu'en vous autres, i'ay trouué ce que ie cherchois depuis ſi long-temps. non, non, ie leue le
maſque; & ie vous fais reparatió d'honneur; pour ce que i'ay dit en ſouppant:
encore que ma Satyre ne s'adreſſaſt
point à la profeſſion, mais ſeulement à
ceux qui s'en acquitent mal. car il fau-
droir eſtre priué de raiſon, pour meſpriſer vne choſe tant eſtimable: la COME-
DIE, qui a eſté en veneration dans
tous les Siecles, ou les ſciences fleuriſ-
ſoient! la COMEDIE, le diuertiſſe-
ment des Empereurs & l'entretien des
bons eſprits: le Tableau des paſſions,
l'image de la vie humaine, l'Hiſtoire

parlante, la Philosophie visible, l eau
du vice, & le Throsne de la vertu. non,
non tant s'en faut qu'elle me soit en
horreur, que voyant comme elle est en
son lustre parmy vous, ie loüe le iugement de mon Neueu, de s'estre mis en
vostre Troupe: & pour vous monstrer
que i'ay ce que ie dis, aussi bien dans le
cœur, que dans la bouche, & que bien
loing de soubçonner vostre Profession
d'ignominie, ie la tiens fort glorieuse;
ie la veux embrasser moy-mesme, si
vous me voulez receuoir.

BEAV-SOLEIL.

Monsieur, nous acceptons cét honneur
auecques ioye, & nous en reconnois-
sons indignes.

Mr. DE BLANDIMARE.

Mais n'auez vous point de Poëme, qui
n'aye desia esté veu?

BEAV SEIOVR.

Ouy, Monſieur, il nous reſte vne TRA-
GI-COMEDIE PASTORALE , intitulee,
L'AMOVR CACHE' PAR L'AMOVR.

Mr. DE BLANDIMARE.

Elle eſt de ma connoiſſance, & de ſa có-
poſition de celuy dont nous auons par-
lé, il m'a fait la faueur de me la donner
eſcrite de ſa main. C'eſt vn Poëme à
l'Eſpagnole, de trois Actes; mis par luy
dans la regle des vingt & quatre heures.
& comme ie vous ay dit, que ie cheris
tout ce qui vient de cét Autheur, peu
s'en faut que ie ne le ſçache entier, de
ſorte, que ſi vous le trouuez bon, i'en
iouëray demain vn Roſle, pour faire mó
coup d'eſſay.

BELLE ESPINE.

C'eſt à vous d'ordonner tout ce qui
vous plaira dans la Troupe : mais crai-
gnant de vous aporter de l'importu-

nité, nous allons vous donner le bonfoir.

Mr. DE BLANDIMARE.

Ie ne vous prie point de coucher icy,
parce que vous ferez plus commode-
ment chez vous: mais pour ces Demoi-
felles, à qui le ferein pourroit faire mal
en s'en allant, ie leur offre, & ma chambre, & mon lict, s'il leur agree.

Mle. DE BEAV SOLEIL.

Sans accepter cette courtoifie, nous
vous en reftós obligees, nous doubtans
bien, que nos Maris s'y oppoferoient.

Mr. DE BLANDIMARE.

Adieu Mefdames, bonfoir Meffieurs;

BEAV SOLEIL.

Monfieur nous fommes vos tres-hum-
bles feruiteurs.

L'AMOVR
CACHE' PAR
L'AMOVR.

TRAGI-COMEDIE
PASTORALE.

LES ACTEVRS.

LE PROLOGVE

L'ARGVMENT.

FLORINTOR   Berger.

PIRANDRE   Berger.

ISOMENE   Bergere.

MELISEE   Bergere.

TARAMINTE Pere de Florintor.

ALPHANGE   Pere de Pirandre.

LVSIMANT   Oncle de Melisee.

ALLIANTE.   Mere d'Isomene.

LA SCENE EST EN FORESTS.

LE PROLOGE, L'ARGVMENT.

LE PROLOGVE.

Messieurs,
L'ARGVMENT.
Mes Dames,
LE PROLOGVE.
Cet ancié Philosophe Grec auoit raison,
L'ARGVMENT.
Taraminte Berger de Forets,
LE PROLOGVE.
Qui disoit que les hommes,
L'ARGVMENT.
N'ayant qu'vn fils nommé Florintor,
LE PROLOGVE.
Quel est cét espouuentail de cheneuiere
qui vient icy m'interrompre?

E ij

L'ARGVMENT.

Et qui eft ce reueftu de la friperie, qui le demande de fi mauuaife grace?

LE PROLOGVE.

Ne me connois-tu pas à l'habit fans que ie me nomme?

L'ARGVMENT.

Non, mon Amy, ie te le iure: & il y a defia long-temps qu'on ne peut plus connoiftre en France, les conditions par l'habit.

LE PROLOGVE.

Pour fupleer charitablement à ton ignorance, ie t'aprends que ie fuis le Prologue.

L'ARGVMENT.

Et moy ie fuis l'Argument.

LE PROLOGVE.

Ie ne fçay qui t'ameine icy, toy qui es la plus inutile piece d'vn Poëme.

L'ARGVMENT.

Et ie ne fçay qui t'y peut conduire, toy qui es la moins neceffaire.

LE PROLOGVE.

Et va te cacher dans la Preſſe, va te bar-
boüiller d'encre d'Imprimerie, & te ve-
ſtir de papier ou de parchemin, ſi tu
veux eſtre reconnu: il eſt vray que
bien que tu ſois ſur vn Theatre, on te
peut croire dans vn liure, parce que tu
es couuert de veau.

L'ARGVMENT.

Quoy que i'aye les iniures en main
auſſi bien que toy, ſi te veux-ie payer
en meilleure monnoye: & te dire, que
bien que nous ſoyons en vn temps où la
couſtume eſt auſſi forte que la loy, ſi ne
ſçauroy-ie me reſoudre à eſtimer cette
vieille eſpece de Prologue, que l'vſage
ſans doute faiſoit attendre de toy à ces
Meſſieurs. Ces ſelles à tous cheuaux me
deſplaiſent, & ie trouue qu'il vaut
mieux reuſſir auec moins de gloire,
qu'en matiere de Proſe parler comme
vn perroquet. Se pique qui voudra d'vn
effort de memoire en cette occaſion,

F iij

c'eſt aux vers que ie reſerue la mienne:
& quelques grands que ſoient les eſprits de nos auditeurs, il faut que tu te
croyes bien priué de ſéns commun, en
iugeant qu'il t'eſt abſolument neceſſai-
re, de dire vne choſe eſtudiee , quand tu
les veux entretenir. La naïfueté a bien
auſſi bonne grace que l'artifice, & les
beautez nuës ne ſe font pas des moins
excellents traicts de la peinture. Et con-
feſſez la verité Meſſieurs, ne le trouue-
riez vous point ridicule, ſi ſe mettant
ſur le haut ſtile, comme il auoit deſia
commencé quand ie ſuis venu, pour pa-
roiſtre ce qu'il n'eſt pas (ie veux dire do-
cte) il vous alloit citer deux cens Au-
theurs, leſquels il n'a leus de ſa vie, ni
peut-eſtre vous auſſi. Ne ſeroit-ce pas
vous aſſaſſiner par l'oreille, que de vous
faire des compliments au vieux loup, &
qui commençoient à eſtre deſia hors
de mode, ſoubs le regne de Charles ſe-
ptieſme, & ne le tiendriés vous pas cou-

pable d'vne rufe charlatane, fi comme
on dit pour attirer l'eau au moulin, il
s'alloit embaraffer dans les loüangesde
perfonnes, qu'il n'a pas l'honneur de
connoiftre affez particulierement, pour
fçauoir l'hiftoire de leur ville, ni celle de
leurs maifons. Vois-tu mon Amy, il
faut eftre vn peu plus du dernier fiecle
que cela : mais fi par la caiollerie tu ne
mets point la modeftie de nos fpectateurs en eftat de rougir, fçaches qu'il ne
faut non plus que tu la perdes en leur
parlant de noftre Troupe. Puis qu'ils
doiuent eftre nos iuges, il ne faut point
les preocuper, & te doit fuffire de les
aduertir, que nous efperons faire pour
leur contentement, tout ce que les autres promettent.

LE PROLOGVE.

Quoy que tout ce qui vient d'vn ennemy doiue eftre fufpect, fi ne laiffay-ie
pas de receuoir tes aduertiffements de
bon cœur, par ce que i'y voy quelque

ombre de raison & de verité : & pour
n'en demeurer pas ingrat, ie te prie de
considerer vn peu combien est peu im-
portant le personnage que tu ioüës sous
le nom de l'argumét. Tu sçais qu'il n'est
rien qui plaise tant en toute la Nature
que la nouueauté, & toy seul empes-
ches qu'on n'en puisse trouuer aux Poëmes, ayât desia aduerti le Spectateur, de
tout ce qu'il y doit voir. Le principal secret de pareils ouurages, consiste à intri-
quer les accidens de sorte, que l'esprit
du spectateur demeurant suspendu entre la ioye & la douleur, entre l'esperance & la crainte, ne puisse deuiner où
doit aboutir l'histoire, & se trouue
agreablement surpris, par cét inuisible
nœud, qui desbroüille toute vne piece:
que si tu me dis, que tu sers à faciliter
l'intelligence du Poëme, i'ay à te respó-
dre, que les premiers broyeurs d'Ocre
qui furent au monde, imitoyent si mal
toutes choses, qu'ils estoient forcez d'es-
crire sou

crire fous leurs Tableaux, cecy eft vn
homme, & cela eft vn cheual: mais comme les Arts fe perfectionnent par la fuite des fiecles, les peintres fe font tirez
bien loin de cette ignorance groffiere,
& maintenant leur trauail ne donne pas
fi toft dans la veuë, que l'imagination
conçoit ce que la leur a voulu repre-
fenter. ie veux dire par là, que tout Poëme qui ne fe rend intelligible de foy
mefme, & qui a befoin de ton fecours
pour l'eftre, manque fans doute de iugement en fa conduite. & comme tous
ceux que noftre Troupe reprefente, vié-
nent de plumes qui vollent haut fans
prendre l'effor, ie conclus que le babil
inutile de l'argument, doit eftre con-
damné au filence.

L'ARGVMENT.

Puis que tu fembles auoir aquiefcé à ma
fentéce, ie n'appelleray point de la tienne: & puis que tu te confeffes inutile, ie
me reconnois fuperflu, & fi tu m'en

G

crois, nous ne ferons ni Argument, ni Prologue.

LE PROLOGVE.

Ta propoſition eſt trop iuſte, pour ne la receuoir pas. retirons nous puis qu'il t'agree: auſſi bien i'entends l'impatience de nos Compagnons, qui demandent que la Proſe cede la place à la rime.

L'ARGVMENT.

Bon ſoir Monſieur le Prologue,

LE PROLOGVE.

Adieu Monſieur l'Argument.

ACTE PREMIER
& Troisiesme,

PIRANDRE, MELISEE,
FLORINTOR, ISOMENE.

___

SCENE PREMIERE.

PIRANDRE,   Le Theatre châge de face & paroist Bocager.

IE ne puis endurer, ingrate Melisee,
Que ma fidelité soit ainsi mesprisee;
Ie ne puis plus souffrir que l'vn de mes Riuaux,
Recueille sãs trauail le fruit de mes trauaux.
Ou si de mes souspirs tu ne dois tenir compte,
Deuant estre vaincu, ie le seray sans honte:

G ij

Faignât d'aimer ailleurs, au lieu de t'ë moquer,
L'Amour par le despit te pourra bien picquer.
Isomene abusee, accepte mon seruice ;
Vn Dieu qui fait mon crime, en excuse le vice ;
Ie dis que son bel œil s'est rendu mõ vainqueur,
Mais la bouche reçoit vn desmentir du cœur.
Et lors que mon discours trõpe son innocence,
Ie crains que ce Rocher n'aide à sa connois-
    sance ;
Car il sçait mon dessein, & cruel comme toy,
Son Echo l'autre iour ainsi parloit à moy.

STANCES.

Nimphe (luy dis-ie) solitaire,
    Qui sçais quel obiet m'a charmé,
De mespris le voyant armé,
    Dis moy ce que tu ne peux taire ;
Si ie ne l'auray point, sous les loix de Iunon?
    Aussi tost elle me dit, NON.

O rude, & cruelle sentence,
A quoy ie ne puis consentir,
Car mon eternelle constance,

La peut toucher de repentir:
Et lors que sera t'elle, au tourmét que i'édure?
  Ie l'entendis respondre, DVRE.

Si ie vay pres de la farouche?
Arrouser, & secher les fleurs,
De l'eau qui coule de mes pleurs,
Des soupirs que i'ay dans la bouche;
Son œil, de ma douleur, sera t'il resioüy?
  Elle me repartit, OVY.

Echo, ie te crois veritable;
Mon mal se veut perpetuer;
Et ie ne vois de profitable
Que le dessein de me tuer;
Veu que mon esperance enfin est abatue:
  A l'instant elle cria, TVE.

Mais il n'est rien en la Nature,
Qui ne soit subiet à changer;
Tel se trouue hors de danger,
Qui se croit dans la sepulture;
Dis moy, dois-ie mourir, ou flechir ses humeurs?

Elle eut haste de dire, MEVRS.

Puis que ma perte est ordonnee ;
Et que tu me le fais sçauoir ;
Lutter contre la Destinee,
N'est pas vn acte en mon pouuoir :
Ca, donnõs d'vn cousteau, si tout nous abãdõne :
Cette inhumaine adiouta, DONNE.

Ainsi tout m'est cõtraire, & pour me secourir,
Il semble que le Ciel m'ordonne de mourir ;
Mais essayons premier d'aquerir par la ruse,
Vn bien que la Fortune au merite refuse ;
Et puis qu'en la seruant nous souffrons le
trespas,
Taschons de l'obtenir en ne la seruant pas.

SCENE SECONDE.

MELISEE.

O Pirandre, Pirandre, obiet de ma
   pensee;
Si tu sçauois cõbien ma pauure ame est bleßee;
Au lieu de m'accuser de manquer d'amitié,
Tu ioindrois à l'amour peut estre la pitié.
Mais ie voy bien ta ruse, & non pas toy ma
   feinte;
Et bien que nos esprits soient en mesme con-
   trainte,
Et qu'vn mesme Demõ s'empare de nos sens;
Ie cache mieux que toy le feu que ie ressens.
Tu feins grossierement d'aimer vne Bergere;
Tu feins d'estre infidelle, en me croyãt legere;
Mais auec si peu d'art, qu'à toute heure, en
   tous lieux,
Ie te meine en esclaue, attaché par les yeux.
Courage mon Berger, la Fortune t'apelle;

Et puis que ton amour a souffert la couppelle;
Que tu t'es veu quiter, sans me pouuoir hair;
Et que ta foy subsiste, en te voyant trahir;
Ie me veux laisser vaincre à tant de bons of-
  fices;
Desormais ie renonce, à tous mes artifices;
Et quelque iugement que tu fasses de moy,
Tu connoistras bien tost que ie n'aime que
  soy.

SCENE TROISIESME.

FLORINTOR, ISOMENE,

FLORINTOR.

Qvand vous lasserez vous de me faire
  vne iniure?
Quãd vous lasserez vous de me rẽdre pariure?
En gesnant mon esprit, n'auez vous point de
  peur,
Qu'à force de le feindre il ne vienne trõpeur?
Vous me hasardez trop, il faut que ie le die:
          Car vous

Car vous m'accouſtumez dedans la perfidie.
I'abuſe vne innocente, & voyant ſon erreur
Aupres de ma fineſſe, elle me fait horreur.
Voulant vous obeir, i'ay peine à m'y reſoudre;
Et pour vous, & pour moy ; i'aprehende le
    foudre;
Et ie ne puis ſouffrir qu'vn Riual pres de vous,
Bien que ce ſoit par feinte, en ait vn œil ſi doux?
En vn mot, cette vie eſt pour moy trop amere.

       ISOMENE.

Ie vous l'ay cent fois dit, il faut tromper ma
    Mere ;
Et neceſſairement, ſe reſoudre à ce poinct;
Elle eſtime Pirandre, & ne vous aime point:
I'ay veu (pour la chãger) le bout de ma ſciece
Noſtre vnique remede, eſt en la patience;
Apres vn mauuais temps, il en vient vn plus
    beau :
Elle touche deſia le bord de ſon Tombeau;
Nos peines, & ſes iours, ont meſmes deſtinees;
Ne pouuant augmenter, que de fort peu
    d'annees;
Et lors ſoyez certain, que vo⁹ m'aurez vn iour.
                H

FLORINTOR.

Ainſi donc par la mort, vous payez mõ amour:
Et conſiderez bien, quelle eſt mon aduanture;
Que ce Mõſtre hideux, qui deſtruit la Nature,
Cet hoſte des Tombeaux, ce ſpectre d'oſſemẽs,
La mort, donne la vie, à mes contentemens,
Me doit-on enuier, ou ſi l'on me doit pleindre?
Me voyant deſirer, vn obiet tant à craindre?

ISOMENE.

Gardez que vos deſirs, ne ſoiẽt trop criminels:

FLORINTOR.

I'en ſuis deſia puni, par des feux eternels.

ISOMENE.

Ie m'en vay vous quiter, pour vous tirer de
peine:

FLORINTOR.

Ha demeurez mocqueuſe, & cruelle Iſomene;
Que vous connoiſſez mal, l'effet de vos appas;
Ie meurs en les voyant, & ne les voyant pas.

ISOMENE.

C'eſt à mon grãd regret, que ie vous ſuis fatale:

FLORINTOR. (phale,

Voſtre œil pour Florintor, eſt le dard de Ce-

Qui ne manque iamais, de luy toucher le sein.

ISOMENE.

Mais il fait plus encore, il frappe sans deßein,
Vous croyez qu'à me vaincre, on a si peu de
gloire,
Qu'il faut que le hazard, vous donne ma
victoire,
Mais comme la froideur approche du meßpris,
Ie sçay bien que par là, ie ne fus iamais pris :
Et lors que de mon cœur, vous fustes adorée,
Confeßez que voftre œil fut à la picorée,
Ie le vy ce bel œil, se cacher à demy,
Pour surprendre ce cœur qu'il iugeoit ennemy;
Et bien qu'à force ouuerte il peut dompter la
terre,
Il fut comme vn Soldat, à la petite guerre;
Et lors suiuant le cours de mõ heureux deftin,
Cét œil iugea mon cœur, digne de son butin.

ISOMENE.

Il eft vray, i'eus deßein deßus voftre conftance;
Mais bons Dieux, que ce cœur, fit peu de re-
fiftance ?
Ie le pris sans trauail, luy mefme s'enchaifná

Mais penfant l'emmener, le rusé m'emmena;
Ie le fis mon Captif, & ie fus sa Captiue:
Silence, Florintor, voftre Riual arriue;
Ie vous quite pour luy, n'en foyez pas ialoux;
Ce que ie luy diray, ne s'adreffe qu'à vous.

FLORINTOR.

Dieux! que cet artifice, eft fafcheux à mon
ame;
Ifomene, Trompeufe, allez, ie vous en blafme.

SCENE QVATRIESME.

Isomene, Pirandre, Florintor,

Isomene.

Ostre abord, ne me fut iamais
moins desplaisant;
Car vous me deschargez, d'vn
fardeau bien pesant:

ISOMENE.

Vous dites franchement, tout ce qui vous en
semble;
Mais ie ne laisse pas, de vous trouuer enseble;
Si vous ne me quitez Isomene, Berger,
I'iray voir Melisee, afin de me venger.

FLORINTOR.

Aprochez, aprochez, reprenez vostre place;
Nous sommes l'vn & l'autre, & de flame,
& de glace;

H iij

Elle glace pour moy, feu pour vostre subiet
Moy glace pour ses yeux, feu pour vn autre
　obiet.

ISOMENE.

Sans estre pour aucun, de si facile prise,
L'vn des deux me menace, & l'autre me
　mesprise;
Soyez flame, ou glaçon, partez, ou demeurez,
Ie me mocque de vous, & vous en asseurez.

PIRANDRE.

Voila s'ouurir l'esprit, & le monstrer sans
　voile:

FLORINTOR.

Qu'elle en prenne vn par mon conseil,
　Cachez vous Estoile,
　　voicy le Soleil.

SCENE CINQVIESME.

ISOMENE. MELISEE,
FLORINTOR, PIRANDRE,

ISOMENE.

Deux contre vne, c'est trop,
MELISEE.
    Vous estes garantie:
A moy Berger, à moy, ie suis de la partie:
FLORINTOR.
Ie mets les armes bas, Amour est mon vain-
 queur,
Quoy ? voulez vous combatre, vn qui n'a point
 de cœur ?
MELISEE.
Vous n'auez point de cœur ! ha ce discours
 m'offence :
Que direz vo⁹ qui serue, & passe pour deffence

Vous n'auez point de cœur! helas depuis côbiē?
Respondez moy Berger, qu'auez vous fait
du mien?

FLORINTOR.

Apres l'auoir acquis, auecque tant de peine
Ie ne le mõstre point, de peur qu'on ne le prēne:

PIRANDRE.

Vous le pouuez monstrer, librement en ces
lieux,
Vn plus rare shresor, m'occupe assez les yeux.

MELISEE.

De vostre iugement, ne vient pas mon estime:

ISOMENE.

Mille de son aduis, le croiront legitime:
Ioint que plus rare ou nõ, il n'est pas importãt,
L'homme content est riche, & Pirandre est
content.

FLORINTOR.

Son ame par orgueil, n'est point trop aueuglée,
Et son ambition, me semble assez reglee:

PIRANDRE.

On blasme biē souuēt, ce qu'on ne connoit pas,
Mais ie vo⁹ aime aueugle, aupres de ces appas

MELISEE.

MEILSEE.

Il monstre par son choix, qu'il a fort bonne
veuë:

ISOMENE.

De merite pour luy, vous estes trop pourueuë;
Vos beautez sans exceZ, le peuuent acquerir;
Et son cœur est vn lieu, facile à conquerir:

FLORINTOR.

Mon cœur est asseZ fort, pour mespriser vos
charmes :

ISOMENE.

C'est bien plus noblement, que l'occupe mes
armes;
Les traiéts de mes regards, sont bien plus
hauts monteZ;   (domptez
Voftre cœur feroit honté, à ceux que i'ay

MELISEE.

Glorieuse prison, honorables Entraues;
On voit autour de vous, des Monarques es-
claues;   (iuger
Mais Monarques pourtant, à ce qu'on peut
Qui se font desguisez, sous l'habit d'vn Ber-
ger.

F

ISOMENE.

Berger, dont la vertu, vous fait bie recõnestre,
Que s'il n'est pas nay Prince, il est digne de
l'estre.

PIRANDRE.

Leurs discours importûs, me dõnent de l'ennuy
Soyez moins femme qu'elle, & plus homme
que luy ;   (meure.
La victoire est à nous, sans que personne en

FLORINTOR.

Ouy, nous sommes vaincus, mais le Champ
nous demeure.

ISOMENE.

Contre la folle erreur, qui vous va possedant,
Il faut combatre en Parthe, & vous vaincre
en cedant.

MELISEE.

Stratageme subtil, excellente conduite,
Vous la nommez retraite, & nous l'apellons
fuite.

PIRANDRE.

Vous vous trompez Bergere, & vous la
nommez bien ;

On doit fuir le mal, comme suiure le bien ;

Et suiuant son esprit, pour m'esloigner du vostre,

Ie crois assurément, que ie fais l'vn *et* l'autre:

Et qui de vos beautez, fera comparaison,

S'il n'en mâque beaucoup, dira que i'ay raisõ.

Mais parfaite Ismene, allons sous quelque
ombaage;

Le Soleil (ainsi qu'eux) tasche à vous faire
outrage ;

Cõseruõs ce beau taint; mais elle y peut rester,

Car n'ayant rien de beau, que luy peut il oster?

FLORINTOR.

I'estime ce conseil, cherchez vn lieu fort sõbre;

Decouurir ces deffauts, il n'apartient qu'à
l'ombre ;

C'est là, qu'on ne voit point, qu'elle manque
d'appas ;

Si bien que pour l'aymer, il faut ne la voir pas.

PIRANDRE.

Et pour ne l'aimer pas, il faut voir Melisee.

FLORINTOR.

Vuider nostre dispute, est chose fort aisee;

I ij

LA COMEDIE

Nous tôberons d'accord, noftre gouft eft pareil,
Pour hair Ifomene, il faut voir mon Soleil.

PIRANDRE.

Vous prenez mal le sẽs, de ce que ie veux dire:

MELISEE.

En me croyant facher, il me force de rire;
Il confeffe fon crime, & fon aueuglement,
Et puis il eft honteux, d'auoir du iugement,
Mais perfiftez Berger, en cette repentance:

PIRANDRE.

Ma feule fin, fera celle de ma conftance.

MELISEE.

La mienne doit durer, plus long temps que
mes iours.

ISOMENE,

Ie n'aime qu'vn Pafteur, que i'aimeray
touftours.

FLORINTOR.

Ha que vous ferez bien, ne foyez pas legere;
Ie quiterou le Ciel, plaftoft que ma Bergere.

PIRANDRE.   (tez,

Quãd fon efprit pour moy, n'auroit que cruau-
le fais vœu folemnel, d'adorer fes beautez.

MELISEE.
Grauer deſſus mon cœur, n'eſt pas eſcrire au
sable;
Mon amour tout diuin, n'a rien de periſſable.
ISOMENE.
Autre que mon Berger, ne peut qu'en s'abuſer,
Croire que ſon deſſein, ne me ſoit deſplaiſant.
FLORINTOR.
Le Soleil esleué, donne à plomb ſur la roche;
Teſmoignage certain, que le midi s'aproche;
Il ſe faut retirer, l'heure nous y ſemond:
MELISEE.
Allons voir mon Troupeau, qui brouſe au
pied du Mont:
PERIANDRE.
Soyez auſſi contens, que ie ſuis à mon aiſe:
ISOMENE.
Aupres de ce qu'on aime, il n'eſt rien qui ne
plaiſe.

I iij

ACTE SECOND
& quatriesme.

LVSIMANT, TARAMINTE, ALLIANTE,
ALPHANGE, PIRANDRE, FLORINTOR,
ISOMENE, MELISEE,

SCENE PREMIERE.

TARAMINTE, LVSIMANT,
TARAMINTE.

VOvs connoissez mon fils, vous
sçauez quel il est;
S'il touche vostre esprit, vostre
Niece me plaist,
Et comme Florintor adore Melisee,
On voit que son amour n'en est pas messprisee

Si vous le defirez, ainfi que ie le veux,
Nos voluntez iront bus s'adreffer leurs vœux;
Et puis qu'vn mefme Dieu, leurs courages af-
    femble,
Nous les laifferõs viure, & demeurer enfẽble:
Pour luy feul ie nourris ce nõbre de Troupeaux,
Dont l'on voit chaque iour, blanchir tous ces
    Coupeaux;
Ie n'en fuis que Pafteur, Nature les luy dõne;
Vous fçauez bien l'eftime, en quoy vit fa per-
    fonne;
Aucun de nos Bergers ne le peut deuancer,
A fauter, à lutter, à courir, à dancer;
Et lors que folitaire à l'efcart il s'amufe,
Dõnãt à ces Rochers, l'air d'vne Cornemufe,
On voit que maints Aigneau, deffus l'herbe
    paiffant,
La foulle fans manger, & s'en va bondiffant;
Et charmé par les tons que fa dextre fredõne,
L'Animal fans raifon, ayme ce qui refonne.
En fin fes qualitez, de l'efprit & du corps,
Semblent vous obliger d'accõplir leurs accords;
Vous eftes feul Parent de cette belle fille;

Et vo⁹ n'ignorez point que le est noſtre famille
Acceptez ce Neueu, ne le refuſ z pas,
Car certes ce refus, cauſeroit ſon treſpas.

LVSIMANT.

Ie ſerois ennemy, de ma propre parente,
Si l'offre qu'on luy fait, m'eſtoit indifferent,
Ie l'accepte pour elle, & tiens à grand bõ heur,
Ce qui la va combler de plaiſir, & d'honneur;
Dites à voſtre fils, qu'il aura ſa Maiſtreſſe,
Le deſir qui le point, eſt celuy qui me preſſe;
Dans ſes contentements, ie trouueray les miẽs,
Et mourray ſãs regret, en luy laiſſãt mes biẽs;
Et quand voſtre maiſon, me ſeroit inconnue,
I'adorerois en luy, la Vertu toute nuë:
Adieu, cher Taraminte, allez l'en aſſeurer,
Car il n'a riẽ à craindre, & peut tout eſperer.

TARAMINTE.

ô Dieux! cher Luſimant, apres cette parole
Dont ie le vay rauir ie n'y cours pas i'y volle.

LVSIMANT.

Et môy, ie m'en vay dire, à ma Niece à l'in
ſtant,
Que Florintor qu'elle aime eſt vn Berge cõſtãt.

La muſi-

La musique d'amour, en douceur infinie,
Lors qu'on est bien d'accord, est pleine d'har-
monie.

SCENE SECONDE.

ALLIANTE, ALPHANGE,

ALLIANTE.

Vy, Pirandre l'aura, de bon cœur
i'y consents,
Et ne puis exprimer, le plaisir que
ie sents:
En m'offrãt vostre fils, vous me tirez de peine,
Ie ne l'aime pas moins, que peut faire Isomene:
Et si la bien-seance eust peu me le souffrir,
I'aurois esté moy-mesme, en parler & l'offrir,
Ie voudrois qu'elle fust, & plus riche, & plus
rare,
Mais Pyrandre amoureux, ne sçauroit estre
auare,
Et puis que par amour, son esprit est dompté,

K

Il prendra pour l'effect, ma bonne volonté.

ALPHANGE.

Quand vous luy döneriez, ces pierres adorees,
Qui filles du Soleil, n'en sont pas esclairees,
Et quand cette eau qui fait les perles estimer,
Aimeroit mieux son sein, que celuy de la Mer,
Quand toute la Nature, auroit choisi dans elle
Tant de diuersitez, qui la font estre belle,
Et quand les elemens, ne voudroient auiour-
d'huy,
Trauailler aux metaux, que pour l'amour de
luy,
Il fouleroit aux pieds, ce que le monde hon-
noré,
Et la possedant seule, il gagneroit encore.

ALLIANTE.

Veufue comme ie suis, i'ay besoin de support,

ALPHANGE.

Vous en aurez de nous, iusques à nostre mort.

ALLIANTE.

Ie l'attends de Pirandre, & l'espere d'Al-
phange:

ALPHANGE.

Ne craignez pas qu'vn iour noſtre volonté
  change,
Aliante, & ſa fille, auront touſiours de nous,
Vn ſeruiteur fidelle, & le traitement doux:
Mais i'aperçoy mon fils, & la belle Iſomene;
Ie m'en vay ſatisfaire, au deſſain qui les mei-
  ne:
La victoire eſt à toy, Pirandre bien heureux;
Aliante reçoit, ton ſeruice amoureux,
Et conſent que ſa fille, en ſoit la recompenſe:

ALIANTE.

Vous n'en pleurerez pas, ou du moins ie le
  penſe;
Contentant ce Berger, en ton affection,
Ie crois auoir ſuiui, voſtre inclination.

K ij

SCENE TROISIESME.

PIRANDRE, ISOMENE, ALPHANGE, ALIANTE,

PIRANDRE.

IE viens de la trouuer, au bout de la prairie:

ISOMENE.

Et ie m'en retournois, à noſtre Bergerie:

ALPHANGE.

Dieux! que pour vn Amant, tu parois peu hardy:

PIRANDRE.

Ie connois au Soleil, qu'il eſt plus de midi; (née:
Et n'ay veu mon Troupeau, de toute la iour-

ALIANTE.

Iſomene, qu'as tu, pour faire l'eſtonnée?
Ce Berger a ton gré, manqueroit il d'apas:

ISOMENE.

Quel, ma Mere, Clindor? ie ne le connois
pas.

ALPHANGE.

Suiurez vous mon conseil? laissons les Aliante:
Amour est vn Enfant, capable d'espouuente;
Nostre age luy fait peur, laissons les seulement

ALIANTE.

Allons rire chez moy, de leur estonnement.

PIRANDRE.

O Dieux! que dois-ie dire, Isomene, vne af-
faire.
Me reuiët en l'esprit, ie ne m'en puis distraire;
Vous me permettrez bien, que i'y passe le
iour.

ISOMENE.

Que puisse tu trouuer la mort, à ton retour,
Helas de quel malheur, me voy-ie poursuiuie?
La ruse dont i'vsois, me va couster la vie;
Mon esprit en creusant, vn piege sous mes
pas,
Pour trop faire le fin, trouue qu'il ne l'est pas,
En taschant de tenir, ma passion couuerte,

Ie recueille mon bien, & i'aduance ma perte;

Ie priue Florintor du fruict de ses trauaux;

Et luy fais plus de mal, que n'ont fait ses
 Riuaux.

Que de mon feint amour, ie me voy bien punie!

Et quoy, cederons nous à cette tyrannie?

A t'entendre parler, d'vn pouuoir absolu,

Il semble lasche esprit, qu'on t'y void resolu!

Peux tu bien endurer, cette douleur amere?

Et quoy, tu fais vn Dieu, plus foible que ta
 Mere?

Et quoy, tant de serments, par le Ciel enten-
 dus?

Et quoy, le souuenir des seruices rendus?

Et quoy, tant de paisirs, tant de douleurs pas-
 sées.

Ne seront desormais, qu'images effacées,

Et quoy, tu t'y resouds & tu peux consentir,

D'achetter cherement, vn triste repentir,

Donc apres l'auoir feint, tu veux estre infidelle?

Et courir à clos yeux, où le malheur t'appelle?

Crois tu que Florintor, puisse voir sans mourir

Que la foible amitié, n'a peu le secourir,

Et d'ï constante alors, tu seras homicide:

Non, non, mon pauure esprit, ne sois pas si
timide;

Si le sort nous deffend, de viure auec bon heur,

Il nous permet au moins, de mourir en hôneur:

Ie puis malgré l'effort, de sa rage ennemie,

Luy remettre mon ame, exempte d'infamie,

Dans quelque extremité, qu'il me puisse råger,

Il changera plustost, que me faire changer,

Que sans auoir pitié, de ma triste aduanture,

Que le Ciel ennemy, se ioigne a la Nature,

Que trois des Elemens, conspire contre moy,

Il n'est point de Rocher, si ferme que ma foy;

Que les hommes, les Dieux, l'Onde, l'Air,
& la Terre,

Au feu de mon amour, denoncent touts la
guerre,

Ce dernier Element, en aspirant aux Cieux,

Esleuera mon cœur, comme vn victorieux.

C'est là, que les Destins, auront la connoissáce,

Des marques de ma force, & de leur impuis-
sance,

C'eſt là qu'en confeſſant, qu'ils n'ont rien veu
    de tel

I'auray (comme l'*Amour*) vn renom immor-
    tel,

Vne ſeule Couronne, eſt le bien où i'aſpire,

Deſtins, donneᶻ la moy, de gloire, ou de mar-
    tyre;

N'importe l'vn ou l'autre; auſſi bien malgré
    vous,

I'aime plus *Florintor*, que ie ne crainds vos
    coups:

Ha bons Dieux! le voicy, quel tranſport il
    me donne!

SCENE QVATRIESME.

FLORINTOR, ISOMENE.

FLORINTOR.

DIEVX, Deſtins, & parents, en fin
tout m'abandonne;
L Amour, & la pitié, les pleurs, & le diſcours
Sont inutilement venus à mon ſecours;
Tout cede à la rigueur d'vn pere inexorable,
Qui me croit rendre heureux, & me fait mi-
ſerable:
Mais il eſt innocent, voſtre crime eſt le mien,
Sont les ſeuls ennemis, de noſtre commun bien;
Voſtre ruſe nous pert; car ſon ame abuſee,
Me commande auiourd'huy, d'eſpouſer Me-
liſee;
Et comme aſſeurément ie n'obeiray pas,
Il faut que i'en eſchappe, en courant au treſpas.

ISOMENE. (fendre,

Helas c'eſt par luy ſeul, que ie me peux deſ-

L

De l'arreſt qui me donne.....

      FLORINTOR,

         Acheuez,

  ISOMENE.

                a Pirandre.

   FLORINTOR.

O Deſtins ennemis, qui me perſecutez,

Voicy le dernier coup, de tant de cruautez,

Deſormais ie deſpite, & les Dieux, & les hômes

Rien ne peut augmenter, le deſaſtre où nous
    ſommes ;

Et dans l'excez des maux, où l'on m'a condãné

Sans deſcendre aux enfers, ie ſuis deſia damné.

Ha ſubtile à vo⁹ perdre, ô Trõpeuſe Iſomene,

Vous auez fait la faute, & i'ẽ porte la peine;

I'ay trop bien obei, voſtre commandement

Me priue pour iamais, de tout contentement.

    ISOMENE.

La fin de vos plaiſirs, eſt celle de ma ioye;

Mais mon cher Florintor, i'ay peur qu'on ne
    nous voye,

Il nous faut ſeparer,

FLORINTOR.

O rigoureux deſtin.

ISOMENE.

I'eſpere vous reuoir, demain des le matin;
Rendez vous ou Lignon arrouſe la prairie,
Ce flateur de vos maux, & de ma reuerie;
C'eſt là que nous verrõs, s'il nous ſera permis,
D'eſuiter les efforts de tous nos ennemis;
Adieu, n'y manquez pas,

FLORINTOR.

Doux obiet de ma flame,
Ie n'y ſçaurois manquer, vous y portez mon
ame.

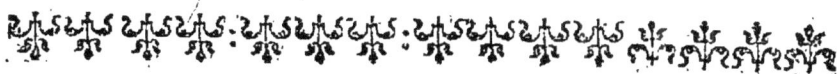

SCENE CINQVIESME.

MELISEE.　　Elle parle apres
auoir escouté.

Tv me punis *Amour*, par ce que i'ay
peché,
Ton feu paroiſt trop beau, pour le
tenir caché;
Ma paſſion voyant la ſienne mutuelle,
Sans raiſon en l'aimant, ie me feignois cruelle:
Mon Oncle s'eſt deceu, par ce meſpris m'eteur;
Mais n'importe, l'eſprit n'a iamais de *Tuteur*:
Son credit contre vn *Dieu*, manquera de puiſ-
ſance;
Vn Dieu qui m'abſoudra de deſobeiſſance;
Et pourueu que *Pirandre*, aime auſſi bien que
moy,
Rien que ce meſme *Dieu*, ne nous fera la loy.
Arriere la froideur, loin bien loin l'artifice;
Il faut que la raiſon, faſſe en fin ſon office,

Pirandre m'a seruie, il est temps de penser
A l'vnique moyen, de le recompenser:
Confessons librement, nos flames insensées;
Faisons lire mon Oncle, au fonds de nos pésees;
Monstrons luy clairement, qu'il ne voit qu'à
    demy;
Et chassons le respect, qui nous est ennemy.
Iamais à Florintor ie ne veux estre vnie;
Amour est vn Tyran, qui fuit la tyrannie;
Et quoy qu'opose icy, mon Oncle Lusimant,
Ce n'est pas de sa main que ie veux vn Amãt:
Quand le choix que i'ay fait, me dõneroit sa,
    haine,
Mon inclination, regnera souueraine.
Mais d'ou peut bien venir que Florintor icy
Entretient Isomene, & paroist tout transi?
Nulle que moy n'a mis, son ame prisonniere;
Ils ont pris rendez vous, au bord de la ri-
    uiere;
Ce procedé m'estonne; & cette nouueauté,
Me chatoüille l'esprit de curiosité;
Demain dés le matin, ie m'y veux aller rendre,
Peut estre leur discours, seruira pour Pirãdre;

Amour, Roy des Amants, par ton pouuoir di-
uin,
Rends ce presage heureux, & mon cœur bon
Deuin.

SCENE SIXIESME.

PIRANDRE.

STANCES.

E N fin cette ruse inutile,
Plus dommageable que subtile,
Dont ie couurois mes passions;
Ne sert qu'a me trōper, aussi bien que mō pere:
Et le mal qui me desespere;
Ne vient que de mes fictions.

Ie pensois flechir ma Maistresse,
En cachant l'ennuy qui m'opresse,
Mais Dieux! que i'eus peu de raison:
Ie m'oblige à me perdre, au lieu de l'ē distraire;

Et par vn effect tout contraire,
Ce remede m'est vn poison.

Mais n'adorant que Melisee,
Desabusons vne abusee,
Dont l'espoir n'est qu'vne vapeur:
Pour grand que soit le mal que son ame en
  ressente,
Disons luy qu'elle est innocente,
Aussi bien que ie suis trompeur.

Demain aussi tost que l'Aurore,
En quitant les riues du More,
Ouurira les portes du iour;
I'iray pres de Lignon retrouuer Isomene;
Et tascher d'auoir par sa haine,
Vn bien que monstre son amour.

Tous les obiets deuiennent sombres;
Et i'apperçoy parmi les Ombres,
La fin d'vn iour qui m'est fatal:
Mais la Lune succede à sa clarté deffunte;

Suiuons cét Aſtre liberal,
Qui nous donne ce qu'il emprunte,

ACTE

ACTE TROISIESME
& cinquiesme.

Taraminte, Alphange, Aliante,
Lvsimant, Melisee, Pirandre,
Florintor, Isomene.

SCENE PREMIERE.

Taraminte, Alphange,
Aliante, Lvsimant,

TARAMINTE.

Vssi *tost que le iour a veu noftre horifon,*
Florintor s'efueillãt, a quité la maifon;

M

Ie ne le cele point, cela me met en peine:

ALPHANGE.

Le mesme a fait Pirandre,

ALIANTE.

Et le mesme Isomene:

LVSIMANT.

Et ma Niece prenant vn chemin escarté,
Sembloit auoir dessein, d'esuiter la clarté:

ALPHANGE,

Ie ne puis conceuoir pareille procedure:

LVSIMANT.

Ni moy vous exprimer ce que mon cœur en-
dure.

TARAMINTE.

En obligeant mon fils, on l'a desobligé,
Ie m'estonne de voir comme il est affligé.

ALIANTE.

Ma fille en aprenant son prochain himenee,
A l'instant se fit voir, triste, morne, estonnee;
Sõ œil parut humide; & chãgeant de couleur,
On ne vid en sõ teint, que marques de douleur:
Son ame en se faisant beaucoup de violence,
Condamne tout le soir sa parole au silence;

'Mais par de longs souspirs, l'vn sur l'autre
   laschez,
Elle me descouuroit ses desplaisirs cachez.
Et malgré le respect qui la tenoit contrainte,
Ie leus dans son esprit vne excessiue crainte:
Mais quel est le subiet qui la luy peut donner,
C'est là ce que le mien ne scauroit deuiner.
En vain pour cet effect, ie me rompois la teste,
Quand ie vous ay trouuez, tous trois en mes-
   me queste;
Et ie sens maintenant redoubler mon soucy,
Puis que nous descouurōs qu'ils ne sont pas icy,
Car ce pré que Lignon arrouse de son onde,
Ce pré le plus aimable, & le plus beau du
   monde,
Est le seul rendez vous, où ces captifs d'Amour
Auoient accoustumé de venir chaque iour.

ALPHANGE.

Ils pourront arriuer; cette place est secrette;
Voyez que ce Rocher nous offre sa retraite,
Lieu plus propre à cacher, nous ne pourrions
   choisir;
Donnons nous seulement vne heure de loisir;

                   M ij

L'Ombre pour ce deffein, nous rend vn bon
   office,

Et nous fera voir clair, dedans leur artifice.

LVSIMANT

I'aprouue ce conseil, car par luy nous sçaurons
Vn secret bien caché, puis que nous l'ignorõs.
Or sans plus de discours, metons nous dans
   la Roche,

De peur d'estre aperceus, si quelqu'vn d'eux
   aproche.

SCENE SECONDE.

MELISEE, LVSIMANT, ALPHANGE,
TARAMINTE, ALLIANTE.

MELISEE.

E chemin ordinaire, eut trahi ma
 langueur;
 Et l'autre m'aſſaſſine, en ſon trop
de longueur.
Florintor, Iſomene, & Cupidon encore,
Me verront arriuer, auſſi bien que l'Aurore:
Et le ſort ennemy, qui ne veut pas mon bien,
Me cachant leur deſſein, deſcouurira le mien.
Mais ie voy ſans les voir, que ie me ſuis de-
 ceuë;
Et ie me veux cacher, craignãt d'eſtre aperceuë
Oiſeaux, allez ailleurs, reciter vos chanſons,
Amour pour me couurir, me monſtre ces buiſ-
 ſons.

LVSIMANT.

Ie vay luy tesmoigner, que son humeur me
fasche :

ALPHANGE.

Le dessein qu'elle a pris, auec elle se cache ;
Donnez vous patience, attendez s'il vous
plaist ;
Indubitablement nous sçaurons ce que c'est.

SCENE TROISIESME.

PIRANDRE, ALPHANGE, LVSIMANT,
MELISEE, TARAMINTE, ALIANTE.

PIRANDRE.

Lle n'eſt point icy; malgré ma
reſuerie,
I'arriue deuant elle, au bout de
la prairie;
I'ay loiſir de ſonger auec quelles raiſons
I'adouciray l'aigreur de tant de trahiſons:
Mais plus i'y penſe, Amour, moins i'y trouue
d'excuſe;
Pour ce faſcheux diſcours, ma lãgue me refuſe
Mais deuſſay ie mourir à ſes yeux esbahis,
Ils verront auiourd'huy, que ie les ay trahis.
Et de peur que quelqu'vn ne m'vſe de ſurpriſe
Et que ſon entretien, n'en rompe l'entrepriſe,

Le tronc de ce vieux chefne, & fes grands
 　　rameaux verds,
Offrent à mes deffeins, de les tenir couuers:

ALPHANGE.

Ie veux luy reprocher, l'exces de fa follie.

LVSIMANT.

Laiffez vn chemin libre, à fa melancholie;
Son cœur au defplaifir s'eft trop abandonné;
Et fuiuez vn confeil, que vous m'auez donné.

MELISEE.

Elle n'eft point icy? Pirandre qui m'adore,
En cette extremité, feindroit il bien encore?
Elle n'eft point icy, non, fans doubte fa foy
N'adreffe ces propos, à nulle autre qu'à moy.
Amour, Roy de mon cœur, endure qu'en mon
 　　ame,
La curiofité, l'emporte fur ta flame;
Ie veux que mon ardeur, fe cache pour encor:

TARAMINTE.

Nous allons tout fçauoir, i'apperçoi Florintor:

ALIANTE.

Il n'arriue pas feul, ie defcouure Ifomene;

PIRAN

PIRANDRE.

Ha Ciel! qu'en ce moment, mon esprit est en
  peine ;
Ce Berger importun, augmente mon soucy,
Mais pourtant aprenons, ce qui les meine icy.

LVSIMANT

Silence,

TARAMINTE

Pas vn mot,

ALIANTE.

        Ie veux estre vne souche,

ALPHANGE   bouche.

Et ma langue & mes yeux, s'attachent à leur

PIRANDRE.

Que mon estonnemét est extreme auiourduy;

MELISEE.   d'autruy.

Que ie me plais d'entrer dans les secrets

N

SCENE QVATRIESME.

FLORINTOR, ISOMENE,
PIRANDRE, MELISEE,
TARAMINTE, ALPHANGE.
LVSIMANT, ALIANTE.

FLORINTOR.

A rigueur de mon Pere, & de
　ma destinee,
M'ordonne de finir, auecques la
　iournee;　　　Monſtrāt
　　　　　　　　　　　　　ſon
La mort deliurera ce pauure priſonnier　cœur.
Ce iour, de tous les miens, doit eſtre le dernier;
Et puis que mon bon-heur, eſt ſans nulle apa-
　rence,
I'auray meſme Sepulchre, auec mon eſperăce.
Les hommes genereux, qu'on ne peut ſecourir,
Ont touſiours vn remede, en cherchant à
　mourir;
La Parque au miſerable, eſt touſiours oportune

La douleur la plus courte, est la moins impor-
tune ;

Et quel que soit l'effroy, que donne le trespas,
Lors qu'on n'est point content, il vaut mieux
n'estre pas.

Helas chere Isomene, en vain la solitude,
Le silence, la nuict, l'amour, l'inquietude,
Fidelles Conseillers; ont tasché de trouuer,
Vn remede assez fort, pour me pouuoir sauuer
Tout est foible, à l'esgal d'vn malheur inuin-
cible ;

Et chercher mon salut, c'est chercher l'impossible :

Mais en despit du Ciel, qui semble estre ialoux,
Ie mourray satisfait, en mourant deuãt vous.

ISOMENE.

Vous mourrez satisfait, & non pas moy contente ;

Car puis que lé Destin s'oppose à mõ attente,
Que ses iniustes Loix me forcent d'obeir,
Et que si ie veux viure, il faudra vous trahir.
Pour pres que soit l'instant, ou la mort rigou-
reuse

Me rauira le iour, ie mourray malheureuſe:
Et ſongeant que moy-meſme ay perdu mon
   Amant,
Ie ſeray ſans repos, dedans le monumemt.
Vous exempt de peché, ſoyez le de l'enuie,
Qui vous pouſſe à chercher la fin de voſtre vie;
Viuez cher Florintor, & gardez voſtre foy,
Pour vne plus heureuſe, & plus belle que moy:
Si comme voſtre Eſprit, ſon corps eſt adorable,
La fortune à tous deux vous ſera fauorable;
C'eſt le ſeul reconfort que ma douleur attend;
Et ie ſeray moins triſte, & vous bien plus con-
   tent.

FLORINTOR.

O Conſeil homicide, & qu'on ne ſçauroit
   ſuiure!
Qui me dõne la mort, en me parlant de viure:
Conſeil, auſſi perfide, à moy, cõme à l'Amour;
Et quoy! ie vous perdray, ſans perdre auſſi le
   iour?
Comment! vous croyez donc qu'au milieu de
   l'orage,
Ainſi que de bonheur; ie manque de courage?

I'apprends à voſtre eſprit, de ce crime ſoüillé,
Que ie me doibs coucher, puis qu'on m'a deſ-
      poüillé:
Mon vnique repos eſt en la ſepulture;
Ha! que n'eſt en ma fin, celle de la Nature.
En vain pour me flatter, vous faites des deſirs,
C'eſt adiouſter encor, à tant de deſplaiſirs;
Car puis que le Deſtin, me refuſe Iſomene,
L'vniuers n'a pour moy que des obiets de haine.
Ha pauure Meliſee, ô Pirandre banny,
Vous eſtes bien vangez, & ie ſuis bien puny;
Le Ciel, le iuſte Ciel, qui hait la perfidie,
Me condamne au ſuplice, & veut que ie le die:
I'ay merité mon mal, par cette trahiſon,
Et ſi ie m'en plaignois, ce ſeroit ſans raiſon.
Enfin donc Iſomene, eſpouſera Pirandre?
La contrainte l'emporte, & l'Amour ſe va
      rendre?
Il met les armes bas, & comme on l'oit parler,
Il ne reſiſte plus, que pour capituler.
La volonté m'afflige, & la voix me conſole,
Miſerable en effect bien heureux en parole,
L'ame dãs le deſordre, & vous dãs les accords,

J'embrasseray voſtre ombre, & Pirandre le
  corps.

Ne l'imaginez pas; la fortune ennemie
Peut me charger de peine, & nõ pas d'infamie
Puis que vous teſmoignez me vouloir ſecourir,
Faites que voſtre bras, m'aide au moins à mou-
  rir.

Ie percerois mon cœur, s'il n'auoit voſtre image:
Vous qui n'adorez pas voſtre propre viſage,
Seruez vous de ce fer, aidez à mon deſſein;
Car l'Amour me deffend de me l'oſter du ſein.
Le reſpect, non la crainte, occupe ma penſee:
Mais pour bleſſer mon cœur, i'ay l'ame trop
  bleſſee:
Et bien que le treſpas deſormais me ſoit cher,
Vous ſeule auez le droict de le pouuoir tou-
  cher.

Accordez moy la mort, où mon deſir aſpire;
Faites vn corps d'Eſtat, car c'eſt là voſtre Em-
  pire;
Empeſchez qu'vn Riual, n'en deuienne vain-
  queur;
Et pour dõner le voſtre, arrachez moy le cœur.

ISOMENE.

Ha cruel Florintor, que voſtre meſfiance,
Irrite mon amour, & mon impatience;
Que vous auez de tort, de vous imaginer,
Que ce que i'ay donné, ſe puiſſe redonner;
Non, non, malgré les Loix, du Ciel, & de
 Nature,
Ie vous conſerueray ma flame toute pure;
Et bien que vos ſoupçons, me deuſſent arriuer,
Ie quiteray le iour auant que vous quiter.
Gueriſſez voſtre eſprit de l'erreur qui l'afflige,
En m'ouurant l'eſtomac, voſtre dextre m'o-
 blige;
Aux Mirthes amoureux, enlacez du Ciprez,
Et ſi vous m'aymez bien, vous me ſuiurez
 apres.

PIRANDRE.

Quelle merueille ô Dieux! s'empare de mon
 ame?

MELISEE,

Quel miracle d'Amour, de cacher de la flame?

TARAMINTE.

Admirez Aliante, vn tel deſguiſement;

ALIANTE.

Ie ne puis me r'auoir de mon eſtonnement.

ALPHANGE.

Que l'Amour eſt ſubtil, & qu'il a de malices?

LVSIMANT.

Et qu'il meſle de maux auecques ſes delices.

ISOMENE.

Vous reſuez mon Berger, quoy, ne voulez vous pas

Conſeruer Iſomene, & ſuiure ſon treſpas?

Ce fer ſera plus doux, qu'vne Mere inſenſee.

FLORINTOR.

Vn moyen plus aiſé me vient en la penſee;

Et ſãs vous amuſer par vn plus long diſcours,

Voyez comme Lignon nous offre ſon ſecours,

Là, malgré le Deſtin, ſous qui l'vniuers trẽble,

N'ayant peu viure vnis, nous mourrons ioints enſemble.

ISOMENE.

I'approuue ce conſeil, embraſſe ie le veux;

Car il faloit de l'eau pour eſteindre nos feux.

PIRANDRE.

Arreſtez vous Berger, retenez cetté enuie;

Ie ne

Ie ne mets point d'obstacle à l'heur de vostre vie
On me donne Isomene, & ie vous en fais
    don;
Ie confesse mon crime en demandant pardon
Le dessein que i'auois d'obliger Melisee
A quitter son mespris, se voyant mesprisee
Me fit feindre vne amour malheureux en ce
    point,
Qu'il vous a pensé perdre en ne me sauuant
   -point.

MELISEE.

Va fidelle Pirandre, auiourd'huy ta constance
Me donne de la ioye & de la repentance,
Trop amoureux Berger sçaches que ma rigueur
Ne fut iamais d'accord au sentiment du cœur
Pour esprouuer le tien, ie me feignois cruelle,
Et ie bruslois pourtant, d'vne ardeur mutuelle,
Mais vous que i'ay trahi vous me deuez punir
Si la pitié ne passe en vostre souuenir:
Car depuis Celadon & la Bergere Astree,
On n'a point veu d'amants en toute la contree,
Si pres du desespoir, si remplie de fureur,
Et tout par mõdessein qui causa vostre erreur.

                       O

FLORINTOR.

Fortuné Florintor,

ISOMENE.

Trop heureuse Isomene,

PIRANDRE.

Ie rencontre l'amour, où ie croyois la haine.

MELISEE.

Oublions le passé pour contenter nos vœux,

TARAMINTE.

Montrons nous Lusimant

LVSIMANT.

Montrons nous,

ALIANTE.

Ie le veux,

Ha Ciel que la douleur a de puissantes armes
La plainte a des attraits & les pleurs ont des
charmes.

ALPHANGE.

Or pour viure contente rendons les satisfaits
Et ne separons point des Amans si parfaits.

FLORINTOR.

Arbitres de nos iours à qui par la naissance
Nous sommes obligez de rendre obeissance,

Agreez nos defirs, ayez pitié de nous,
Pour obtenir ce bien nous fommes à genous.

TARAMINTE.

Des trauaux endurez n'accufez que vo⁹ mefme
On ne doit point celer quel eft l'objet qu'on
aime.

Voftre erreur fut la noftre & l'amour outragé
Vous a punie luy feul & s'eft affez vangé:
Allez viuez heureux & faites que la ioye
Trouue pour voftre cœur vne fecrette voye,
Qu'elle paroiffe au front & deffus vn autel,
Où ces mots dompteront vn vãgeur immortel.

C'eft icy le lieu des merueilles
Mille aduantures nompareilles.
Sur les bords de Lignõ fe font paroiftre au iour
Icy l'amour rend fes oracles
Mais le plus grand de fes miracles,
Fut l'Amour caché par l'amour.

O ij

MR. DE BLANDIMARE.

IL ne vous est pas difficile de remar-
quer par la satisfaction que tesmoi-
gnent nos Spectateurs, que ie ne vous
ay pas esté du tout inutile, & i'espere
que vous vous en apperceuerez mieux
encor à l'auenir, pourueu que le succes-
seur de Belle-Ombre, c'est à dire celuy
qui receura l'argent, se resolue de faire
vn miracle en faisant homme de bien
vn portier de Comedie : & pour vous,
Messieurs, si vous rendez ma prophetie
veritable, en continuant de nous hon-
norer de vos presences, nous vous pro-
mettós absolumét de n'employer toutes
les forces de nostre esprit qu'à tascher de
faire quelque chose digne de l'excelléce
du vostre.

FIN.

www.ingramcontent.com/pod-product-compliance
Lightning Source LLC
Chambersburg PA
CBHW051736090426
42738CB00010B/2284